W0347395

Andrea Jacobs

Filigrane Fensterbilder
Dekorative Motive

ENGLISCH VERLAG

Die Deutsche Bibliothek – CIP-Einheitsaufnahme
Filigrane Fensterbilder: Dekorative Motive / Andrea Jacobs. – Wiesbaden: Englisch, 1999

ISBN 3-8241-0929-8

ISBN 3-8241-0929-8

Fotos: Frank Schuppelius
Herstellung: Michael Feuerer
Printed in Spain

Inhaltsverzeichnis

Vorwort

Mit filigranen Fensterbildern lassen sich Fenster das ganze Jahr über gestalten, von Schneeglöckchen und Osterglocken im Frühling über Schmetterlinge in der Sommerwiese und der Martinsumzug im Herbst bis hin zu stimmungsvollen Kerzen zu Weihnachten. Die vorgestellten Motive sind aber auch ein schönes Mitbringsel oder können als Grußkartenmotive verwendet werden.

Die Bilder können aus einfarbigem Fotokarton, aus Regenbogen- oder Alukarton nachgearbeitet werden.

Die abgebildeten Farben sind dabei nur als Vorschlag zu sehen, die Bilder können auch in jeder anderen Farbe nachgearbeitet werden.

Viel Freude beim Nacharbeiten und Betrachten der Bilder wünscht

Andrea Jacobs

Material und Werkzeug

Für die Herstellung der filigranen Fensterbilder benötigen Sie folgende Materialien und Werkzeuge:

- Bastelschere
- Silhouettenschere
- Cutter- oder Skalpellmesser
- Schneideunterlage
- Lochzange
- Bleistift
- Kugelschreiber
- Pauspapier oder Architektenpapier
- Blaupapier (für dunkle Untergründe auch in Gelb erhältlich)
- Nähnadel
- Nähgarn oder Perlseide
- Fotokarton für die Schablonen
- Fotokarton (300 g/qm) in verschiedenen Farben
- Regenbogenfotokarton oder Alukarton

Im Fachhandel sind verschiedene Farben Alu- oder Fotokarton sowie unterschiedliche Abstufungen von Regenbogenpapieren erhältlich. Die Farben können passend zu den Motiven oder zur Wohnungseinrichtung ausgewählt werden. Da filigrane Bilder nicht zusammengeklebt werden, ergibt sich auch keinerlei Verstärkung des Papiers. Es sollte daher direkt mit festem Fotokarton (300 g/qm) gearbeitet werden, damit Sie lange Freude an Ihren Bildern haben.

Bastelanleitung

Übertragen der Vorlagen

Wenn Sie ein Motiv nur einmal arbeiten möchten, legen Sie das Blaupapier (für dunklen Karton gelb durchschreibendes Blaupapier) auf den farbigen Fotokarton und platzieren darauf den Vorlagebogen mit dem gewünschten Motiv. Mit einem Kugelschreiber drücken Sie nun die Konturen durch, sodass sich diese auf den Fotokarton übertragen. Wenn alle Linien übertragen sind, können Sie mit dem Ausschneiden beginnen.

Anfertigen einer Schablone

Wenn Sie ein Motiv mehrmals nacharbeiten möchten, empfiehlt sich das Anfertigen einer Schablone. Dazu legen Sie Pauspapier auf das gewünschte Motiv und pausen die Konturen durch.

Nun kleben Sie das Pauspapier auf ein ausreichend großes Reststück Karton und schneiden das Motiv entlang der Linien aus.

Nachdem die Schablone fertig ist, wird sie auf das gewünschte Stück Fotokarton gelegt und mit einem Bleistift oder Kugelschreiber umfahren. Wenn alle Linien übertragen sind, können Sie mit dem Ausschneiden beginnen.

Ausschneiden der Fensterbilder

Schneiden Sie zunächst mit der Schere großzügig um das aufgemalte Motiv herum, sodass der Papierbogen handlicher wird.

Beginnen Sie dann mit den kleinsten freizulegenden Feldern. Dazu legen Sie das Motiv auf eine geeignete Schneideunterlage und ziehen mit einem Cutter- oder Skalpellmesser die Linien nach. Mit dem entsprechenden Druck trennt sich das Papier durch und das freigelegte Stück lässt sich herausnehmen. So verfahren Sie mit allen Flächen, wobei Sie die größten zuletzt freilegen sollten.

Wenn die Schnittkanten ausfransen, könnte es sein, dass die Messerklinge stumpf ist. Tauschen Sie bitte die Klinge aus bzw. brechen Sie diese ab. Auch die Qualität einer Klinge ist entscheidend für saubere Schnittkanten. Die oben beschriebenen Arbeiten lassen sich auch mit einer Silhouettenschere ausführen, dies ist jedoch bei kleineren Öffnungen etwas schwieriger. Augen und kleine Kreise können mit einer Lochzange ausgestanzt werden. Da sich diese teilweise in der Mitte der Motive befinden, können sie erst ausgestanzt werden, wenn größere Öffnungen herausgeschnitten worden sind. Den Rahmen des Fensterbildes schließlich sollten Sie mit einer Schere ausschneiden.

Aufhängen der Bilder

Am einfachsten lassen sich die Bilder mit Nähgarn oder Perlseide aufhängen. Dazu fassen Sie das Bild bitte mit dem Daumen und Zeigefinger an und pendeln es zwischen diesen aus. Dann ziehen Sie unter Zuhilfenahme einer Nähnadel ein Stück Nähgarn oder Perlseide durch den Karton, verknoten die Enden miteinander und hängen das Bild auf.

Filigrane Fensterbilder

1. Schneeglöckchen

Material
- Fotokarton in Weiß
- Cutter und Schere
- Nähgarn

Anleitung
Die ersten Frühlingsboten zeigen sich in Weiß. Zunächst werden die Linien auf den Blättern, Blüten und dem Blumentopf herausgeschnitten. Dann werden die Flächen zwischen den Blättern, den Blüten und dem Topf herausgearbeitet. Zum Schluss wird das Motiv entlang der äußeren Kontur ausgeschnitten und mit einem Faden zum Aufhängen versehen.

2. Bunte Clowns

Material
- Regenbogenfotokarton
- Lochzange
- Cutter und Schere
- Nähgarn

Anleitung
Dieses fröhlich bunte Bild aus Regenbogenfotokarton ist nicht nur ein schöner Schmuck für den kalten Februar, sondern auch eine hübsche Idee fürs Kinderzimmer. Beginnen Sie mit dem Ausschneiden der beiden Clowns, anschließend werden alle Sterne und Innenflächen aus dem dicken Clown herausgeschnitten. Schneiden Sie jetzt die tropfenförmigen Öffnungen aus den Luftschlangen heraus. Legen Sie die übrigen Felder frei, wobei Sie zunächst die kleineren und dann die größeren herausarbeiten und die Löcher mit der Lochzange ausstanzen. Zuletzt wird das Fensterbild ausgeschnitten und mit einem Aufhängefaden versehen.

3. Osterhasen

Material
- Fotokarton in Gelb
- Lochzange
- Cutter und Schere
- Nähgarn

Anleitung
Nachdem Sie die Konturen auf gelben Fotokarton übertragen haben, beginnen Sie mit dem Einschneiden der Linien bei den Hasen und Osterglocken. Anschließend wird das Gras mit dem Cutter herausgeschnitten.

Wenn Sie alle kleinen Flächen herausgearbeitet haben, können Sie die größere Fläche in der Mitte freilegen und die Löcher ausstanzen. Nachdem die Schleifen innen geschnitten wurden, kann das Motiv mit der Schere oder dem Cuttermesser außen ausgeschnitten werden. Zum Schluss wird der Faden zum Aufhängen angebracht.

4. Eierbaum

Material
- Regenbogenfotokarton
- Lochzange
- Cutter und Schere
- Nähgarn

Anleitung
Für dieses Motiv sollten Sie Fotokarton in Regenbogenfarben verwenden, sodass die Eier am Baum zusätzlich bunt werden. Schneiden Sie mit dem Cutter zuerst die Motive aus den Eiern, die Felder innerhalb und oberhalb des Kranzes und die Linien aus dem Topf heraus. Nach dem Freilegen der Fläche um die Eier herum werden die Löcher in den Eiern mit der Lochzange herausgestanzt, ebenso die Blüte auf dem Topf. Bitte achten Sie darauf, dass Sie beim Ausstanzen die Bänder, an denen die Eier hängen, nicht abreißen. Zum Schluss wird die äußere Kontur des Fensterbildes mit der Schere ausgeschnitten und ein Aufhängefaden befestigt.

5. Rauchschwalbe beim Füttern

Material
- Fotokarton in Rot
- Cutter und Schere
- Nähgarn

Anleitung
Schneiden Sie nach dem Übertragen der Vorlage auf den roten Fotokarton zunächst die vielen Linien innerhalb der Vögel und des Nestes aus. Arbeiten Sie anschließend von den kleineren zu den größeren Feldern weiter, bis Sie alle Flächen freigelegt haben. Beim Ausschneiden der äußeren Kontur achten Sie darauf, dass Sie die Schwanzfedern der Rauchschwalbe nicht umknicken oder abschneiden.
Nun können Sie noch einen Faden zum Aufhängen anbringen.

6. Hahn und Henne

Material
- Regenbogenfotokarton
- Lochzange
- Cutter und Schere
- Nähgarn

Anleitung

Hahn und Henne sind nicht nur ein hübsches Motiv für Ostern, sondern auch für die Frühlingszeit. Beginnen Sie mit dem Ausschneiden der Felder zwischen den Tieren. Anschließend schneiden Sie mit dem Cutter die Linien im Gras und im Federkleid heraus. Nun wird die äußere Kontur mit der Schere ausgeschnitten. Stanzen Sie mit einer Lochzange die Augen aus und bringen Sie einen Faden zum Aufhängen an dem Fensterbild an.

7. Storch im Schilf

Material
- Regenbogenfotokarton
- Cutter und Schere
- Nähgarn

Anleitung

Übertragen Sie die Vorlage auf Regenbogenkarton und achten Sie darauf, dass der Verlauf der Farben im unteren Bereich Blau enthält. Beginnen Sie mit dem Einschneiden der Linien beim Storch, den Wellen im Wasser und in den Blättern und Blüten der Sumpfpflanzen. Nun schneiden Sie vorsichtig die Linien um die Libelle herum aus. Legen Sie anschließend alle übrigen Flächen frei, indem Sie mit den kleinsten beginnen und zuletzt die größeren ausschneiden. Nachdem Sie das Oval des Rahmens ausgeschnitten haben, können Sie das Bild mit einem Faden zum Aufhängen versehen.

8. Schmetterlinge in der Wiese

Material
- Regenbogenfotokarton
- Lochzange
- Cutter
- Nähgarn

Anleitung
Dieses Fensterbild sieht besonders dekorativ aus, wenn Sie es aus Regenbogenfotokarton arbeiten.
Schneiden Sie mit dem Cuttermesser zuerst die Linien in den Schmetterlingen und Gräsern heraus. Nun legen Sie vorsichtig die Fühler der Schmetterlinge frei, ebenso bei der Wiese die feinen Halme, Kleeblattblüten und Wiesenblumen. Schneiden Sie als nächstes die Linien an den Schmetterlingen entlang und legen Sie dann die Öffnungen frei, wobei Sie mit den kleinsten beginnen sollten. Damit die filigranen Halme nicht reißen, sollten Sie das Motiv mit der freien Hand gut festhalten. Stanzen Sie mit der Lochzange die Kreise heraus. Zum Schluss kann die äußere Kontur der Fensterbilder mit der Schere ausgeschnitten und das Bild mit einem Aufhängefaden versehen werden.

9. Schmetterlingsreigen

Material
- Regenbogenfotokarton
- Lochzange
- Cutter und Schere
- Nähgarn

Anleitung
Auch der Schmetterlingsreigen wird aus Regenbogenfotokarton gearbeitet. Wie bei dem Motiv „Schmetterlinge in der Wiese“ werden zuerst mit dem Cuttermesser die Linien in den Schmetterlingen und Grashalmen herausgeschnitten. Dann werden vorsichtig die Fühler der Schmetterlinge freigelegt. Als nächstes werden die Linien an den Schmetterlingen entlang ausgeschnitten. Stück für Stück werden nun die Öffnungen freigelegt. Stanzen Sie die Punkte in den Flügeln der Schmetterlinge mit der Lochzange aus. Zuletzt schneidet man den Rahmen des Fensterbildes mit der Schere aus und versieht ihn mit einem Faden zum Aufhängen.

10. Kirche in den Bergen

Material
- Fotokarton in Grün
- Cutter und Schere
- Nähgarn

Anleitung
Dieses Bild, gearbeitet aus grünem Fotokarton, soll die Erinnerung an schöne Urlaubstage in den Bergen noch eine Weile erhalten. Zuerst werden die Linien und Fenster aus der Kirche herausgearbeitet. Anschließend werden alle kleinen Öffnungen aus den Blüten, Büschen und dem Zaun herausgeschnitten. Da das Bild insgesamt sehr filigran ist, werden nun Stück für Stück alle Felder vorsichtig herausgetrennt. Besondere Vorsicht ist am Gipfelkreuz, bei den Sonnenstrahlen, um den Zaun und um die Edelweißblüten herum geboten. Nachdem Sie den Rahmen des Motivs mit einer Schere ausgeschnitten haben, können Sie das Bild mit einem Aufhängefaden versehen.

11. Tiger im Dschungel

Material
- Regenbogenfotokarton
- Cutter und Schere
- Nähgarn

Anleitung
Die bekannteste Tigerart lebt in den Waldgebieten Süd- und Ostasiens. Nach dem Übertragen des Motives auf Regenbogenfotokarton schneiden Sie mit dem Cuttermesser zuerst die Streifen aus der Großkatze, aus den Blättern, Zweigen und dem Stamm heraus. Anschließend legen Sie die feinen Blätter, Gräser und Schlingpflanzen frei.
Nun können Sie die größeren Flächen und den Rahmen ausschneiden. Zum Schluss kann der Faden zum Aufhängen, wie vorne beschrieben, angebracht werden.

12. Papagei mit Hirse

Material
- Fotokarton in Gelb
- Lochzange
- Cutter und Schere
- Nähgarn

Anleitung

Beginnen Sie dieses Motiv mit dem Einschneiden der Linien innerhalb des Papageis und der Hirse. Anschließend können Sie das Auge mit der Lochzange ausstanzen und die anderen Öffnungen freilegen. Abschließend wird die äußere Kontur des Fensterbildes ausgeschnitten und das Bild mit einem Faden zum Aufhängen versehen.

13. Zwei Affen im Regenwald

Material
- Fotokarton in Olivgrün
- Lochzange
- Cutter und Schere
- Nähgarn

Anleitung
Die auffälligsten Tiere im Blätterdach eines Regenwaldes sind die geschickt hangelnden Affen, die oft zudem noch eine zusätzliche „Hand“ in Form eines Greifschwanzes besitzen. Nach dem Übertragen der Konturen auf Fotokarton beginnen Sie mit dem Einschneiden der Linien in den Baumkronen, den Baumstämmen und der Grasfläche. Anschließend schneiden Sie die Pflanze auf dem Boden, die Affen, die hängenden Lianen und den Schmetterling aus.
Zum Schluss legen Sie die Flächen endgültig frei, schneiden das Fensterbild aus und versehen es mit einem Aufhängefaden.

14. Buddelschiff

Material
- Fotokarton in Rot
- Lochzange
- Cutter und Schere
- Nähgarn

Anleitung

Es ist immer wieder faszinierend zuzusehen, wie ein Schiffsmodell in eine Flasche gesteckt und dann aufgerichtet wird. Bei diesem Motiv habe ich mich für roten Fotokarton entschieden. Es bietet sich aber ebenso weißer oder dunkelblauer Fotokarton an, je nach Geschmack und Einrichtung.

Beginnen Sie bei diesem Fensterbild mit dem Ausschneiden oder Ausstanzen der Löcher im Schiffsrumpf.

Nun schneiden Sie die kleinen Felder innerhalb des Schiffes, den Flaschenkopf und die Wellen aus. Anschließend wird um das Schiff herum geschnitten. Achten Sie bitte bei dem Flaschenrahmen darauf, dass er sich nicht wegdrückt.

Nachdem Sie das Fensterbild ausgeschnitten haben, können Sie es mit einem Faden zum Aufhängen versehen.

15. Fische im Meer

Material

- Fotokarton in Blau
- Lochzange
- Cutter und Schere
- Nähgarn

Anleitung

Dieses Meeresbild wird aus dunkelblauem Fotokarton gearbeitet, es bietet sich aber auch weißer Fotokarton oder Regenbogenfotokarton mit blauen Verlaufsstreifen an. Zunächst werden die feinen Linien und Felder aus den Fischen herausgearbeitet. Die Augen werden mit der Lochzange ausgestanzt. Bitte achten Sie darauf, dass beim Ausstanzen der Fotokarton nicht geknickt wird.
Legen Sie anschließend die übrigen Felder frei, wobei Sie zunächst die kleineren und dann die größeren herausarbeiten.
Schneiden Sie nun das Fensterbild aus und befestigen Sie zum Abschluss einen Faden zum Aufhängen.

16. Seestern und Seepferdchen

Material
- Fotokarton in Blau
- Lochzange
- Cutter und Schere
- Nähgarn

Anleitung
Dieses Fensterbild passt gut zu dem Bild „Fische im Meer“, sodass beide nebeneinander ein besonderer Blickfang sind.

Schneiden Sie die feinen Linien und Felder aus den einzelnen Tieren heraus, die Sandkörner werden mit der Lochzange ausgestanzt.
Legen Sie anschließend die übrigen Felder frei, wobei zunächst die kleineren und dann die größeren herausgearbeitet werden. Zuletzt wird der Rahmen des Fensterbilds mit der Schere ausgeschnitten und mit einem Faden zum Aufhängen versehen.

17. Leuchtturm

Material
- Regenbogenfotokarton
- Lochzange
- Schere und Cutter
- Nähgarn

Anleitung
Dieses Motiv aus Regenbogenfotokarton weckt Erinnerungen an stimmungsvolle Urlaubstage. Schneiden Sie mit dem Cuttermesser zunächst die Grasbüschel, die Wellen, die Schaufel und die Innenteile der Gebäude heraus. Nun legen Sie die Öffnungen rechts und links neben dem Leuchtturm frei. Nach dem Ausschneiden der äußeren Kontur stanzen Sie die Sandkörner mit der Lochzange heraus und versehen das Fensterbild mit einem Aufhängefaden.

18. Finca in Südamerika

Material
- Fotokarton in Grün
- Lochzange
- Cutter und Schere
- Nähgarn

Anleitung
Bei diesem Motiv schneiden Sie mit dem Cuttermesser zuerst die kleinen Linien aus dem Kaktus, der Finca und dem Gebüsch im Vordergrund heraus. Stanzen Sie mit der Lochzange die Türklinke aus. Anschließend entfernen Sie alle übrigen Innenflächen des Bildes, schneiden es außen herum aus und bringen den Faden zum Aufhängen an.

19. Zug auf dem Viadukt

Material
- Fotokarton in Blau
- Lochzange
- Cutter und Schere
- Nähgarn

Anleitung
Eine nostalgische Zugfahrt mit einer Dampflokomotive ist für Fahrgäste und Betrachter immer etwas Besonderes.

Beginnen Sie mit den Fenstern und Linien innerhalb des Zuges und dem freundlichen Gesicht der Sonne. Schneiden Sie anschließend vorsichtig das Signal, den Zug, die Sonnenstrahlen und die Vögel aus und legen Sie die Innenflächen vollständig frei. Bevor Sie den Rahmen des Bildes ausschneiden und mit einem Faden versehen, schneiden Sie die Öffnungen zwischen den Brückenpfeilern aus und stanzen die Augen der Sonne aus.

20. Sonnenblumen

Material
- Regenbogenfotokarton
- Lochzange
- Cutter und Schere
- Nähgarn

Anleitung
Schneiden Sie bei diesem Motiv aus Regenbogenfotokarton zuerst die Linien aus den Blüten, den Blättern und der Erde mit dem Cutter heraus.

Anschließend schneiden Sie alle Zickzacklinien um die Blüten herum nach und legen alle Innenflächen frei.
Nun können Sie mit der Lochzange die Löcher aus dem Inneren der Blüten herausstanzen. Nachdem Sie das Motiv ausgeschnitten haben, wird es mit einem Faden zum Aufhängen versehen.

21. Laternenumzug

Material
- Fotokarton in Orange
- Lochzange
- Cutter und Schere
- Nähgarn

Anleitung
Mit diesem fröhlichen Fensterbild holen Sie sich den Laternenumzug an Ihr Fenster. Zunächst schneiden Sie die größeren Felder aus, dann arbeiten Sie die Gehsteigplatten aus. Nun schneiden Sie die Öffnungen aus den Gestirnen heraus. Legen Sie anschließend die Innenflächen frei. Die Punkte auf der Laterne sowie die Augen der Sonne werden mit der Lochzange ausgestanzt. Bevor Sie den Faden zum Aufhängen anbringen, wird das Fensterbild noch ausgeschnitten.

22. Geige mit Noten

Material
- Alukarton in Gold
- Cutter und Schere
- Nähgarn

Anleitung
Für dieses Fensterbild bietet sich die Verwendung von Alukarton an.

Schneiden Sie zuerst die Innenteile der Geige heraus. Nun werden die kleinen Flächen zwischen den Notenlinien herausgearbeitet.
Anschließend werden die Notenreihe und die Geige freigelegt. Zum Schluss wird die äußere Kontur des Fensterbildes mit der Schere ausgeschnitten und ein Aufhängefaden befestigt.

23. Weihnachtskerzen

Material
- Alukarton in Gold
- Cutter und Schere
- Nähgarn

Anleitung
Dieses Fensterbild sieht zusammen mit dem Motiv „Geige mit Noten" auch am Weihnachtsbaum hübsch aus. Zuerst werden die Innenteile der Kerzen, der Walnuss, des Sterns und der Tannenzweige herausgeschnitten. Nun werden die kleinen Flächen zwischen den Notenlinien herausgearbeitet.
Anschließend werden die Notenreihe, die Kerzen und der Stern freigelegt. Zum Schluss wird das Fensterbild mit der Schere ausgeschnitten und mit einem Aufhängefaden versehen.

ENGLISCH VERLAG

kreativ

ISBN 3-8241-0863-1
Broschur, 32 S., Vorlageb.

ISBN 3-8241-0866-6
Broschur, 32 S., Vorlageb.

ISBN 3-8241-0932-8
Broschur, 32 S., Vorlageb.

ISBN 3-8241-0862-3
Broschur, 32 S., Vorlageb.

ISBN 3-8241-0912-3
Broschur, 32 S., Vorlageb.

Lust auf Mehr?

Liebe Leserin, lieber Leser,
natürlich haben wir noch viele andere Bücher im Programm.
Gerne senden wir Ihnen unser Gesamtverzeichnis zu.
Auch auf Ihre Anregungen und Vorschläge sind wir gespannt.
Rufen Sie uns einfach an oder schreiben Sie uns.

Englisch Verlag GmbH
Postfach 2309 · 65013 Wiesbaden
Telefon 06 11/9 42 72-0 · Telefax 06 11/9 42 72 30
E-Mail englisch@englisch-verlag.de
Internet http://www.englisch-verlag.de